Doodle Diary For *Girls*

Draw and Write Journal

Creative Kids

2014 -2016 ©

Date ....

Date ....

Date ....

Date ....

Date ....

Date ....

Date ....

Date ....

Topic of the Day: _____   Date: _____

Topic of the Day: _____   Date: _____

Topic of the Day: _____ Date: _____

Topic of the Day: Date:

Date ....

Date ....

Date ....

Date ....

Date ....

Date ....

Date ....

Date ....

Topic of the Day: _____ Date: _____

Topic of the Day: _____ Date: _____

Topic of the Day: _____ Date: _____

Date ....

Date ....

Date ....

Date ....

Date ....

Date ....

Date ....

Date ....

Topic of the Day: _____ Date: _____

Topic of the Day: _____ **Date:** _____

Topic of the Day: _____ **Date:** _____

Date ....

Date ....

Date ....

Date ……………………………………

Date ....

Date ....

Date ....

Date ....

Topic of the Day: _____ Date: _____

Topic of the Day: _____ Date: _____

Topic of the Day: _____ **Date:** _____

Topic of the Day: _____ **Date:** _____

Date ....

Date ....

Date ....

Date ....

Date ....

Date ....

Date ....

Date ....

Topic of the Day: _____ Date: _____

Topic of the Day: _____ Date: _____

Topic of the Day: _____   Date: _____

Topic of the Day: _____   Date: _____

Date ....

Date ....

Date …………………………………………

Date ....

Date ....

Date ....

Date……………………………………

Date ....

Topic of the Day: _____ Date: _____

Topic of the Day: _____ Date: _____

Topic of the Day: _____ Date: _____

Date ....

Date ....

Date ....

Date ....

Date ....

Date ....

Date ....

Date ……………………………………

Topic of the Day: _____ Date: _____

Topic of the Day: _____ Date: _____

Topic of the Day: _____ Date: _____

Topic of the Day: _____ Date: _____

Date ....

Date ....

Date ....

Date ....

Date ....

Date ....

Date ....

Date ....

Topic of the Day: _____ Date: _____

Topic of the Day: _____ Date: _____

Topic of the Day: _____ *Date:* _____

Date ....

Date ....

Date ....

Date ....

Date ....

Date ....

Date ....

Date ....

Topic of the Day: _____ Date: _____

Topic of the Day: _____ Date: _____

Topic of the Day: _____ Date: _____

Date ....

Date ....

Date ………………………………

Date ....

Date ....

Date ……………………………………

Date ....

Date..................................

Topic of the Day: _____ Date: _____

Topic of the Day: _____ Date: _____

Topic of the Day: _____ Date: _____

Topic of the Day: _____ Date: _____

Date ....

Date ....

Date ....

Date ....

Date ……………………………………

Date ....

Date ....

Date ....

Topic of the Day: _____

Today's Date: _____

Topic of the Day: _____

Today's Date: _____

Topic of the Day: _____

Today's Date: _____

Topic of the Day: _____

Date ....

Date ....

Date ....

Date ....

Date ....

Date ....

Date ....

Date ....

Topic of the Day: _____ Date: _____

Topic of the Day: _____ Date: _____

Topic of the Day: _____ Date: _____

Topic of the Day: _____ Date: _____

Date ....

Date ....

Date ....

Date ....

Date ....

Date ....

Date ....

Date …………………………………….

Topic of the Day: _____ Date: _____

Topic of the Day: _____ Date: _____

Topic of the Day: _____ Date: _____

Topic of the Day: _____ Date: _____

Date ....

Date ....

Date ....

Date ....

Date ....

Date ....

Date ....

Date ....

Topic of the Day: _____   Date: _____

Topic of the Day: _____   Date: _____

Topic of the Day: _____ Date: _____

Topic of the Day:

Topic of the Day: _____ Date: _____

Topic of the Day: _____ Date: _____

Topic of the Day: _____ Date: _____

Topic of the Day: _____ Date: _____

Topic of the Day: _____ Date: _____

Topic of the Day: _____ Date: _____

Topic of the Day: _____ Date: _____

Topic of the Day: _____ Date: _____

Topic of the Day: _____ Date: _____

Topic of the Day: _____ Date: _____

Made in the USA
San Bernardino, CA
18 December 2016